AF322068

SOUVENIRS

ANECDOTIQUES

PAR

F. BARTHOLONY

———— ◦ ————

PARIS

IMPRIMERIE CENTRALE DES CHEMINS DE FER

A. CHAIX ET Cie

RUE BERGÈRE, 20, PRÈS DU BOULEVARD MONTMARTRE

—

1875

SOUVENIRS ANECDOTIQUES

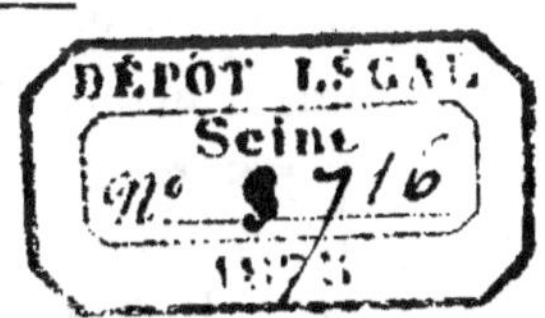

Visite à M. Gautier, sous-gouverneur
de la Banque de France

La position de membre d'un Conseil d'administration des Compagnies des chemins de fer n'a pas toujours été recherchée comme elle l'est aujourd'hui. En 1840, une place était vacante dans le Conseil de la Compagnie d'Orléans qui venait d'être reconstitué ; je fus chargé de l'offrir à M. Gautier, sous-gouverneur de la Banque de France.

J'entrevis un refus dès les premières paroles et je lus dans l'attitude de mon interlocuteur la réponse que la politesse seule l'empêchait de me faire : « Comment pouvez-vous m'apporter une pareille proposition ! » Je n'insistai pas et me bornai à lui dire : « Vous seriez en bonne compagnie ; car nous venons d'obtenir l'adhésion du général de Ségur, pair de France, de M. de Gascq, président à la Cour des comptes, de M. Foucher, président honoraire de la Chambre des notaires. »

Pour atténuer la forme de son refus, M. Gautier invoqua alors l'incompatibilité qu'il voyait entre les fonctions d'administrateur d'une Compagnie de chemins de fer et celles qu'il remplissait à la Banque. Je m'empressai de couvrir de cette raison, ou plutôt de ce prétexte, l'insuccès de ma démarche, et, prenant congé de M. Gautier : « Bientôt viendra le temps, lui dis-je, où la position que j'étais venu vous offrir sera recherchée à l'égal de celle de régent de la Banque de France. »

J'imagine qu'il trouva ces paroles bien hardies, au moins téméraires ; personne, presque personne alors n'avait foi en l'avenir des chemins de fer, et cependant j'avais raison : qui pourrait le contester aujourd'hui, alors que les personnages les plus considérables briguent l'honneur de siéger dans les Conseils d'administration de cette grande industrie ?

Visite à M. Legrand, Directeur général des ponts et chaussées et des chemins de fer.

En 1846, le chemin de fer d'Orléans fonctionnait depuis trois ans et tenait tout ce qu'il avait promis; j'eus l'idée d'aller voir M. le directeur général des ponts et chaussées dans le dessein de faire succéder la paix à la guerre que nous nous étions faite.

Eh bien! monsieur Legrand, lui dis-je, le chemin de fer d'Orléans est fait, et il est bien fait. A qui revient la gloire de cette construction? Aux Ponts et Chaussées, dont nous avons emprunté les services, à M. Jullien, et sous ses ordres, MM. Delrue, Thoyot, Solacroup, Mourlon, tous ingénieurs de l'État.

Seulement les 50 millions qu'il coûte ont été fournis par le public et n'ont pas été détournés des caisses de l'État, qui a pu les employer ailleurs.

Quant à l'exploitation, à laquelle le gouvernement serait souverainement impropre, elle est faite par la Compagnie, à la satisfaction du public, et le Trésor n'entend parler du chemin de fer d'Orléans que par les revenus directs ou indirects qu'il lui rapporte.

Donc, j'espère que vous êtes revenu de vos préventions contre la participation de l'État dans les travaux publics, et je viens me féliciter avec vous de ce grand résultat de l'alliance du crédit de l'État avec l'industrie privée et m'applaudir de l'avenir qu'elle offre au développement des travaux publics et à la rapide exécution de l'admirable plan d'ensemble étudié par les ingénieurs de l'État.

Voilà quel fut mon langage, mais je ne fus pas long à revenir de mes illusions pacifiques. M. Legrand aussi était hostile à l'industrie que par le passé ; il ne lui savait aucun gré de ses efforts, et quant à l'alliance du crédit et de l'État, représentée par le système de la garantie d'un minimum de revenu, système dont il comprenait la puissance, il n'en voulait à aucun prix.

« Ne comptez pas que je l'adopterai *jamais. Jamais,* » entendez-le bien. »

Et il a tenu parole. Tant que M. Legrand est resté en place, aucune concession avec garantie d'intérêt n'a été accordée ; ce n'est qu'en 1849 qu'on a fait une nouvelle application du système suivi plus tard, dans une immense proportion, en France et je puis dire dans presque tous les pays.

Question du télégraphe électrique.

A propos du télégraphe électrique, dont l'usage complétement limité alors fut réclamé par la Compagnie d'Orléans en novembre 1847, je voudrais raconter ici ce qui m'arriva dans une conférence demandée à cette occasion ; conférence où étaient présents M. Dumon, ministre des finances, M. Duchâtel, ministre de l'intérieur, et M. Cunin-Gridaine, ministre de l'agriculture et du commerce.

A cette époque, je sollicitai du gouvernement, au nom de la Compagnie d'Orléans, la permission de construire sur notre ligne, *à nos frais, et sous la surveillance de l'autorité,* un télégraphe électrique depuis quelques années déjà en usage en Amérique, en vue de faciliter l'exploitation de notre chemin de fer et surtout d'éviter des accidents. M. le ministre des finances, avec l'assentiment de ses collègues, me dit en levant les bras au ciel. « Ah ! monsieur, que nous demandez-vous ? le télégraphe » est un droit régalien et le gouvernement du Roi ne » s'en dessaisira jamais. »

Je dus me retirer après avoir répliqué : « A vous alors, » messieurs, la responsabilité morale des accidents qui » pourront arriver, comme ce matin même il a failli en arriver un que le télégraphe aurait certainement prévenu. »

A peu près à la même époque, j'eus l'honneur d'accompagner jusqu'à Corbeil, sur le chemin de fer, le roi Louis-Philippe se rendant à Fontainebleau; il me dit avec la facilité de langage qui lui était habituelle *(on parlait de la révolution)* :

« Les événements de la révolution..., je les connais tous » à fond, non pas seulement par année, par mois, par » jour, mais encore par minute. Il ne reste aux révolu- » tionnaires du jour qu'une porte ouverte : la réforme

» électorale, mais j'aurai soin de la tenir fermée... »

Quatre mois après, la révolution du 24 février 1848 éclatait ; le télégraphe électrique tombait dans le domaine public et l'adjonction des capacités électorales était remplacée par le suffrage universel.

Assurément, les révolutions sont cause de grands malheurs, et Dieu me garde de ne les pas déplorer ! mais je ne puis m'empêcher de penser que, semblables aux ouragans qui purifient l'air, les révolutions sont, la plupart du temps, amenées par le refus obstiné des gouvernements de faire droit aux plus salutaires réformes ; celles-ci étaient incontestablement du nombre.

Voici un autre fait se rapportant au même ordre d'idées :

En 1846 ou 1847, des conférences eurent lieu chez le comte Molé pour traiter de la question des caisses de retraite pour la vieillesse ; dans ces conférences, où la bienveillance dont m'honorait M. Molé m'appela à figurer avec des hommes bien plus compétents que moi, tels que MM. Dufaure, Michel Chevalier et d'autres éminents juristes ou économistes, la question fut longuement discutée et un projet de loi complet rédigé.

Ce projet de loi fut porté à M. Guizot, alors premier ministre, par la conférence, M. Molé son président en tête, et recommandé par elle à la plus sérieuse attention du gouvernement.

M. Guizot accueillit la députation avec la plus grande distinction et lui promit l'appui certain de son ministère.

Mais le projet de loi alla rejoindre dans les bureaux tant d'autres projets qui y étaient enterrés, et ce ne fut qu'en 1850 que l'idée fondamentale fut adoptée par l'Assemblée nationale et que, sur le rapport de M. Benoist-d'Azy, au nom de la commission qui s'honore de son œuvre, l'institution fut fondée telle qu'elle fonctionne aujourd'hui.

Voyage avec le roi Louis-Philippe.

Dans un voyage qui, à cette époque de tentatives fréquentes d'assassinat du roi, nous laissait toujours dans une certaine anxiété, je me réjouissais d'échapper à cette responsabilité morale, quand, descendant de wagon de la gare de Paris au milieu d'une foule compacte, un coup de feu partit. Grand émoi; le roi, sans se troubler, dit :

« Qu'est-ce que cela?

« — Sire, répondit M. Banès, directeur, interloqué, c'est... un pétard pour célébrer le retour de Votre Majesté.

« — Je trouve cela de très-mauvais goût, répondit le roi. »

Les voitures de la cour étaient en retard. Le roi demandait un omnibus et trouvait plaisant de rentrer ainsi aux Tuileries. M. G. Delessert, troublé du coup de feu, le presse de monter dans sa voiture et revient ensuite se livrer à une enquête qui révéla qu'un valet de pied avait maladroitement laissé tomber un revolver dont la balle était allée, sans blesser personne, se nicher dans le mur de la gare. Le soir, le roi fut de très-mauvaise humeur qu'à son insu ses gens le suivissent armés. Et dans un dîner où se trouvait M. Émile de Girardin, au récit que je fis de l'aventure, il blâma fort le préfet de police d'avoir empêché le roi de donner suite à son idée de rentrer en omnibus aux Tuileries, « idée toute plébéienne, dit-il, et qui lui aurait fait honneur dans les masses. »

IMP. CENT. DES CHEMINS DE FER. — A. CHAIX ET CIE, RUE BERGÈRE, 20, A PARIS. — 5078-5.

33